LAS MANCHAS

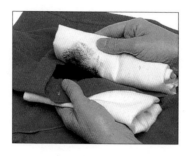

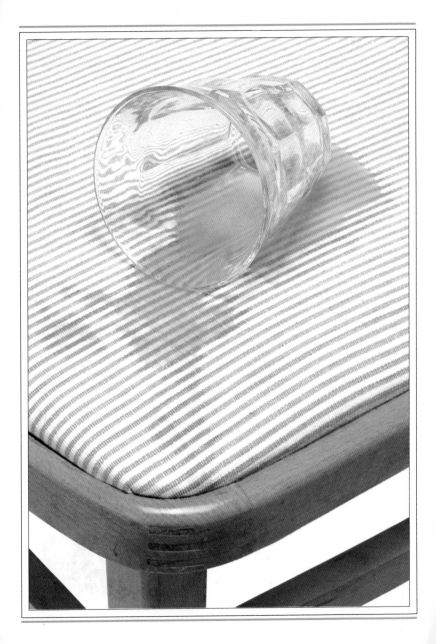

CONSEJOS ESENCIALES

LAS MANCHAS

Cassandra Kent

Javier Vergara Editor

GRUPO ZETA

Barcelona / Bogotá / Buenos Aires
Caracas / Madrid / México D. F.
Montevideo / Quito / Santiago de Chile

UN LIBRO DORLING KINDERSLEY

Editora *Bella Pringle*

Editor artístico *Gill Della Casa*

Traducción *Élida Smalietis*

Composición *Panorama*

Coordinadora de la edición española *Elsa Mateo*

Título original: *Removing Stains*

Primera edición en Gran Bretaña en 1997
por Dorling Kindersley Limited,
9 Henrietta Street, Londres WC2E 8PS

ISBN 950-15-1935-X

Primera edición: 1999

Reproducido en Singapur por Colourscan

Impreso y encuadernado en Italia por Graphicom

CONSEJOS ESENCIALES

PÁGINAS 28 A 30

SANITARIOS

PÁGINAS 31 A 36

COCINA

PÁGINAS 37 A 41

MUEBLES Y LIBROS

QUÉ HAY QUE SABER

1 CÓMO TRATAR LAS MANCHAS

El secreto para eliminar las manchas consiste en tratarlas de inmediato. Cuando están secas e impregnadas son muy difíciles de quitar, y pueden dejar marcas indelebles. He aquí algunos de los agentes "manchadores" más comunes.

VINO TINTO ▷
Las copas con bebidas se vuelcan frecuentemente en moquetas, manteles, tapizados o prendas, de modo que es importante saber cuál es la mejor forma de limpiar estas manchas.

ROTULADORES DE △
FIBRA/MARCADORES
Para los niños es muy tentador dibujar en las paredes y los muebles. Los rotuladores/marcadores que quedan en los bolsillos suelen perder tinta.

POLEN DE FLORES ▷
Cuando se rozan las flores, el polen anaranjado se puede adherir a la ropa.

◁ YEMA DE HUEVO
Si no se trata enseguida, la yema espesa que cae sobre lu ropa o el mantel se endurece y forma una costra.

2 TIPOS DE MANCHAS

Se pueden distinguir tres tipos de manchas, según se formen por acumulación, por absorción o por adherencia, pero las mismas normas valen para todas. Antes de tratar cualquier tipo de mancha, debe tener en cuenta la superficie afectada y el teñido, tratamiento o acabado de esa superficie. En todos los casos, pruebe primero el método en un lugar poco visible, para verificar que el tratamiento no empeore la situación.

△ MANCHAS POR ACUMULACIÓN
Son causadas por sustancias espesas, como ketchup o pintura. Se depositan en la superficie y no penetran demasiado.

△ MANCHAS POR ABSORCIÓN
Las ocasionan líquidos derramados como tinta, zumo/jugo de fruta y café, que son absorbidos por telas y fibras de moquetas.

△ MANCHAS POR ADHERENCIA
Son secas o duras; están originadas por comida o barro que cae o que se lleva en el calzado.

3 LAS MANCHAS "MISTERIOSAS"

Si no puede identificar el agente que causó una mancha, proceda con cuidado y trate de quitarla con un método suave. Si la parte afectada es lavable, mójela inmediatamente y proceda según las indicaciones de lavado de la etiqueta. Las superficies no lavables se frotan suavemente con una esponja y agua tibia.

4 ELEMENTOS NECESARIOS

Los productos que se muestran abajo componen el material necesario para tratar las manchas domésticas. Conviene que los tenga ordenados y a mano, para poder actuar rápidamente cuando ocurran los percances. Cuando deba absorber las manchas o aplicar disolventes, use paños o toallas de papel de color blanco, que no destiñen.

△ PAPEL DE EMBALAR/MADERA

△ TOALLAS DE PAPEL

▽ ALGODÓN

△ HISOPOS

△ ESPONJA

△ CUCHARA

◁ PAÑOS BLANCOS ▷ GUANTES DE GOMA

△ LIMÓN

△ ACEITE DE EUCALIPTO

△ ALCOHOL DE QUEMAR

△ DETERGENTE LÍQUIDO PARA ALFOMBRAS

△ GLICERINA

△ BÓRAX EN POLVO

△ DETERGENTE/ JABÓN EN POLVO

△ TALCO

SUELOS

5 MANCHAS REBELDES EN SUELOS VINÍLICOS

En este tipo de suelos, la mayoría de las manchas son fáciles de limpiar, pero las rayas y marcas de tacones pueden arruinarlos irremediablemente. La mayoría de las marcas se producen cuando se arrastran muebles o artefactos de cocina, por lo tanto debe tener sumo cuidado al hacerlo. Para quitar las manchas rebeldes, aplique aguarrás con un paño blanco suave, frotando con movimientos circulares. Una goma de borrar también puede ser efectiva.

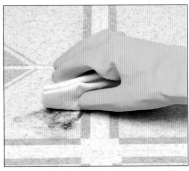

FROTAR VIGOROSAMENTE PARA QUITAR LA MANCHA

6 QUEMADURAS EN SUELOS VINÍLICOS Y DE CORCHO

Las quemaduras accidentales son muy corrientes, sobre todo cuando se enciende la estufa a gas con fósforos/cerillas. Si el suelo es de baldosas, basta con reemplazar la afectada, pero si es laminado, pruebe estos métodos:

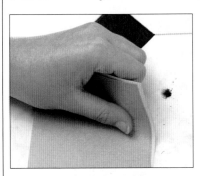

USAR PAPEL DE LIJA PARA LAS QUEMADURAS MENORES
Para quitar las marcas de quemaduras pequeñas en vinilo o corcho, frote con una hoja doblada de papel de lija de grano fino.

CORTAR ALREDEDOR DE LAS QUEMADURAS GRANDES
Si la marca es más seria, corte un cuadrado alrededor de la quemadura con un cortador y una regla de metal y reemplace por un trozo nuevo.

7 MARCAS EN LINÓLEO

Los suelos de linóleo, como los vinílicos, se suelen rayar con facilidad. Los de cocinas, baños y otros lugares húmedos se protegen lustrándolos regularmente con un producto diluido con agua que no deje marcas; los de otros lugares de la casa se lustran con cera. Si tienen manchas, frótelas con lana de acero fina y aguarrás hasta que desaparezcan.

LA ABRASIÓN SUAVE ELIMINA LAS MARCAS

8 MANCHAS EN MADERA SIN BARNIZAR

Los suelos de madera al natural son higiénicos y de fácil mantenimiento, pero también muy absorbentes; las manchas ocasionadas por líquidos penetran con rapidez. Para evitar que se estropeen hay que actuar sin dilación; la solución definitiva es proteger la madera con un barniz claro.

1 Absorba el líquido con toallas de papel. Luego, con guantes de goma resistentes, pase una esponja con agua y lejía/lavandina/cloro, hasta que la mancha se atenúe. Finalmente, lave con agua y detergente.

2 Una vez seco, el suelo estará listo para barnizar. Aplique el barniz con un pincel mediano, siguiendo la veta. Posiblemente deba aplicar varias capas.

9 RAYAS EN MADERA BARNIZADA

Aunque estos suelos están bien protegidos de las manchas, se suelen rayar con facilidad, sobre todo cuando se arrastran los muebles en lugar de levantarlos. Para no tener que reemplazar un listón de parquet, que puede ser muy costoso, siga este método de dos pasos:

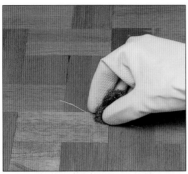

1 Usando guantes de goma, frote suavemente con lana de acero fina en la dirección de la raya, para no extender la zona dañada.

2 Mezcle un poco de betún/crema para zapatos con cera para pisos y aplique en la raya con un paño suave hasta que ya no se note.

10 TINTA EN SUELOS DE MADERA

La tinta de estilográfica/pluma fuente es bastante difícil de quitar, sobre todo si se trata de una mancha vieja que ha pasado inadvertida. Aplique lejía con un hisopo y seque con toallas de papel; repita la operación si es necesario. Es recomendable hacerlo con pequeños y rápidos toques, pues si se frotara la madera quedarían manchas blancas. Si la tinta está muy extendida, quite el barniz y trate la mancha con un blanqueador para madera adecuado.

11 CERA DE VELA

Si caen gotas de cera caliente en un suelo de madera, aplique unos cubos de hielo dentro de una bolsa de plástico para solidificar. Hecho esto, quite la cera con un cuchillo sin punta o una herramienta similar y elimine los restos frotando con un paño suave. Luego, ponga en el paño un poco de cera líquida para suelos y lustre. Si hay marcas de quemaduras, frote con lustre para metal en pasta siguiendo la veta (*Consejo 58*).

12 MANCHAS EN BALDOSAS

Por lo general, las baldosas de cerámica son resistentes a las manchas, y basta con limpiarlas periódicamente con agua tibia y limpiador líquido. Nunca se deben encerar, pues quedan muy resbaladizas. Las baldosas rojas rústicas, sin esmaltar, se cepillan con una mezcla de agua y limpiador líquido común, luego se lustran con cera en pasta. Las baldosas de piedra se limpian con una mezcla de agua y detergente.

CÓMO QUITAR LAS MANCHAS BLANCAS
Para limpiar las manchas de cal que se filtran desde el contrapiso de cemento, mezcle 60 ml (4 cucharadas) de vinagre con 5 litros de agua y aplique con una esponja.

SUELOS DE PIEDRA ▽
La mayoría de las baldosas de piedra están selladas, por lo tanto es raro que se manchen. Cuando están muy sucias, límpielas con un cepillo suave (Consejo 37).

Los suelos de cerámica son los más impermeables.

Las baldosas de mármol se pueden manchar con los ácidos de las comidas.

La pizarra es durable, resistente al agua y difícil de manchar.

MOQUETAS Y ALFOMBRAS

13 CÓMO TRATAR LOS DERRAMES

El secreto para quitar estas manchas de las moquetas y alfombras es tratarlas tan pronto se producen, y trabajar en la mancha siempre de afuera hacia adentro para evitar que se extienda. Aplique toques ligeros en vez de frotar, y no use agua caliente, pues fija las manchas. En general, las manchas que afectan las moquetas y alfombras se producen por acumulación y por absorción; algunas muy difíciles de eliminar, como las de huevo o sangre seca, son una combinación de los dos tipos.

△ QUITAR EL EXCESO EN LAS MANCHAS POR ACUMULACIÓN
Estas manchas son provocadas por sustancias espesas. Antes de tratarlas, debe quitar el exceso con una cuchara para impedir su absorción.

△ ABSORBER LAS MANCHAS DE LÍQUIDO
Los líquidos penetran rápidamente en la alfombras o moquetas. Presione inmediatamente con varias toallas de papel para absorber todo el líquido posible, luego proceda con el tratamiento.

△ CÓMO TRATAR LA MANCHA
Después de quitar el exceso de material o de líquido, aplique detergente líquido para alfombras. Si queda una marca más clara, trate toda la superficie.

14 MANCHAS DE COMIDA

Reemplazar una moqueta puede resultar muy costoso, por lo tanto conviene que tenga en cuenta esta guía para tratar algunas de las manchas de comida más comunes que pueden arruinarla.

YEMA DE HUEVO
Quite el exceso con un cuchillo sin punta, y aplique quitamanchas líquido con un paño blanco. Si una vez seca la mancha aún se nota, limpie con una mezcla de agua y detergente líquido para alfombras, evitando mojar demasiado.

FRUTAS DE COLOR OSCURO
Quite los restos de fruta y absorba con toallas de papel. Frote con una pastilla de jabón para ropa. Deje actuar unos minutos, enjuague, absorba y aplique detergente líquido para alfombras.

MOSTAZA
Quite el exceso con una cuchara y limpie con una esponja y agua mezclada con un poco de detergente. Si el color no desaparece, aplique una mezcla de 5 ml (1 cucharadita) de amoníaco y 500 ml de agua fría.

CURRY Y SALSAS DE CURRY
Quite el exceso y aplique una mezcla de 15 g (1 cucharada) de bórax en polvo y 500 ml de agua tibia, o frote con glicerina.

SALSA DE TOMATE
Retire el exceso con una cuchara, limpie con una esponja y agua tibia y absorba. Aplique espuma limpiadora para moquetas y aclare. Si es necesario, cuando esté seco aplique quitamanchas en aerosol.

CHOCOLATE
Deje que se endurezca y raspe el exceso. Aplique espuma limpiadora para moquetas y enjuague bien. Cuando esté seco, use un quitamanchas líquido.

REMOLACHA
No intente quitarla con métodos caseros; llame a un limpiador de alfombras a domicilio o llévela a una tienda especializada en limpieza de moquetas.

MERMELADAS Y CONFITURAS
Retire el exceso con una cuchara, limpie con agua tibia y aplique detergente líquido para alfombras. Si quedan vestigios, quítelos con alcohol de quemar.

15 MANCHAS DE GRASA DE COMIDA

A la hora de comer, suelen caer en la moqueta comidas con aceite o grasa, como mayonesa, mantequilla/manteca, aderezos de ensalada, helados y salsas. Si no son tratadas debidamente, estas manchas pueden convertirse en permanentes.

El secreto consiste en absorber la mayor cantidad posible de grasa antes de realizar el tratamiento; las manchas de productos oleosos de belleza, lociones y aceite de automóvil en moquetas deben tratarse de la misma forma. Para eliminarlas, ya sean grandes o pequeñas, siga este método de tres pasos:

1 △ Si la sustancia es espesa, primero quite todo el exceso y luego absorba con toallas de papel. Si queda una suave mancha, aplique un quitamanchas. Para manchas más grandes, ir al paso siguiente.

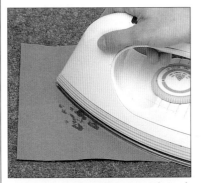

2 △ Ponga sobre la mancha un trozo de papel de embalar/madera, con el lado opaco hacia abajo. Pase la punta de la plancha tibia para ablandar la mancha, corriendo el papel a medida que se embeba la grasa, hasta que ya no absorba más. Tenga cuidado de que la plancha no toque la moqueta; podría chamuscarla.

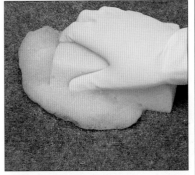

3 △ Si la mancha no desapareció completamente, aplique espuma limpiadora para alfombras con una esponja, frotando suave pero firmemente durante unos minutos; quite la espuma con un paño limpio. Si la mancha todavía persiste, o si reaparece después (como a veces sucede), vuelva a limpiar con espuma.

16 MANCHAS DE BEBIDAS

Los líquidos son absorbidos rápidamente por las fibras de la moqueta, por lo tanto es preciso actuar con rapidez para obtener buenos resultados. Después del tratamiento, peine los pelos de la moqueta en la dirección correcta y deje secar.

TÉ

Si la mancha es fresca, absorba, eche un chorro de soda de sifón y seque, o pase una esponja con agua tibia. Las manchas de té con leche se limpian con detergente líquido para alfombras; una vez secas, se tratan con quitamanchas en aerosol.

CAFÉ

Las manchas de café se limpian exactamente igual que las de té: absorba con toallas de papel y quite el color con agua tibia.

CERVEZA

Se tratan como las de té y café. Para quitar las manchas viejas, pase una esponja con alcohol de quemar.

BEBIDAS ALCOHÓLICAS

Lave con un chorro de soda de sifón o con una esponja y agua tibia, y absorba bien con toallas de papel. Las manchas rebeldes se tratan con detergente líquido para alfombras y las viejas con alcohol desnaturalizado.

VINOS GENEROSOS Y LICORES

Provocan manchas de intenso color y más pringosas que otras bebidas alcohólicas. Diluya la mancha con agua tibia, absorba y limpie con detergente líquido para alfombras. Si quedan vestigios, aplique quitamanchas.

ZUMO/JUGO DE FRUTA

Actúe con rapidez, pues puede quedar una mancha indeleble. Absorba con toallas de papel, frote con quitamanchas en barra y aplique detergente líquido para alfombras. Las manchas residuales se quitan con alcohol de quemar.

LECHE

La leche que penetra en la moqueta pronto despide un olor desagradable, por lo tanto debe limpiarla inmediatamente usando una esponja con agua tibia. Una vez seca, aplique un limpiador en aerosol.

CAFÉ CON LECHE Y LECHE CHOCOLATADA

Manchan tanto por su color como por la grasa que contienen. Pase una esponja con agua tibia y luego limpie con detergente líquido para alfombras. Deje secar y aplique quitamanchas líquido.

17 Manchas de vino tinto

Las manchas de vino tinto son tal vez las más comunes en las alfombras. Ante todo, vierta vino blanco sobre la mancha;

contrariamente a lo que se cree, es mucho más efectivo que espolvorear sal. Luego, continúe con el proceso que se indica a continuación:

1 △ Si tiene un vaso de vino blanco a mano, viértalo de inmediato sobre la mancha de vino tinto, cubriendo bien.

2 △ Seque ambos vinos con toallas de papel, apretando para que absorban la mayor cantidad posible de líquido.

3 △ Pase varias veces una esponja con agua tibia. Absorba y frote con espuma detergente para alfombras. Enjuague bien con agua tibia y repita hasta quitar la mancha.

4 △ Si la mancha continúa, cubra con una mezcla de glicerina y agua tibia a partes iguales. Deje actuar una hora, limpie con una esponja y agua, y absorba.

18 MANCHAS DE PRODUCTOS DE USO COTIDIANO

En una casa existen diversos productos químicos en elementos corrientes como medicamentos, cosméticos, adhesivos y productos de limpieza. Muchos causan manchas de color, que son muy difíciles de quitar una vez que impregnan las fibras de la alfombra. Esta guía práctica indica la manera de tratar algunos agentes "manchadores" de uso diario.

CREMA PARA ZAPATOS
Lo ideal es limpiar los zapatos sobre un periódico. Si se mancha la moqueta, quite todo el exceso, limpie con aguarrás y luego aclare con agua tibia.

MEDICINAS
Las manchas pegajosas se limpian con detergente líquido para alfombras, pero las que contienen yodo se tratan de la siguiente manera: diluya 2,5 ml (cucharadita) de hiposulfato (sustancia química que se usa para revelar fotografías) en 250 ml de agua tibia y aplique en la mancha con una esponja. Por último, limpie con detergente líquido para alfombras.

CERA DE VELA
Primero raspe y quite el exceso de cera, y luego derrita los residuos pasando la plancha tibia sobre un trozo de papel de embalar/madera (Consejo 15). El tinte que dejan las velas de color se elimina con alcohol de quemar..

LUSTRE PARA METALES
Es recomendable no lustrar objetos metálicos en lugares alfombrados, pero en caso de producirse una mancha, quite todo el excedente posible con una cuchara y seque de inmediato para impedir la absorción. Limpie con aguarrás, deje secar y pase un cepillo de cerdas duras para eliminar los residuos de polvo. Si es necesario, aplique detergente líquido para alfombras.

ESMALTE PARA UÑAS Y LÁPIZ DE LABIOS
Quite el exceso con pañuelos de papel. Aplique quitaesmalte no oleoso con un hisopo, pero pruebe antes en una parte poco visible de la moqueta, pues puede arruinar la goma de base. Si quedan marcas de color, aplique alcohol desnaturalizado y luego detergente líquido para alfombras.

CREOSOTA Y BREA
Estas pringosas manchas negras son difíciles de quitar una vez que han penetrado en las fibras. Quite el exceso y aplique una mezcla de glicerina y agua tibia a partes iguales, deje actuar una hora y enjuague. Cuando se seque, use quitamanchas. Otra alternativa es frotar con aceite de eucalipto.

MASILLA PLÁSTICA DE COLOR

Es muy común que la plastilina que modelan los niños caiga en la moqueta. Quite todo el exceso posible con un cuchillo sin punta. Si la mancha es muy pequeña, aplique gas licuado para encendedores, pero pruebe antes en una parte poco visible. En manchas más grandes, use un quitamanchas.

TINTA DE ESTILOGRÁFICA

Incluso la tinta denominada "lavable" necesita tratamiento especial. Primero, diluya la mancha usando una esponja con agua tibia, luego absorba. Después, con un paño blanco aplique jabón líquido para lavado a mano mezclado con agua tibia, y déjelo actuar unos 15 minutos. Repita hasta que la mancha desaparezca, absorbiendo bien entre cada aplicación. Finalmente, enjuague con agua y absorba.

ROTULADORES DE FIBRA/MARCADORES

Debe proceder rápidamente para evitar que penetre la tinta. Absorba las manchas pequeñas con hisopos y limpie con alcohol de quemar. Las más grandes se absorben con toallas de papel y se tratan con quitamanchas en aerosol.

CHICLE

Debe endurecerlo con cubitos de hielo dentro de una bolsa de plástico. Luego, pártalo y quítelo con las uñas. Elimine el resto con quitamanchas líquido y pase una esponja con agua tibia.

El chicle se pega como una cola al calzado y a las telas

Trate la mancha antes de que afecte definitivamente las fibras de la moqueta

19 MANCHAS DE PINTURA

Por más cuidado que ponga para proteger la alfombra con papel cuando pinte una habitación, la pintura puede pasar accidentalmente y provocar manchas (que generalmente se descubren demasiado tarde, cuando ya están secas). Estos métodos pueden resultar útiles para eliminar las manchas frescas y viejas de pinturas al aceite y al agua.

PINTURAS AL AGUA
Las manchas húmedas se tratan pasando una esponja con agua tibia; evite extenderlas aún más. Las que están apenas secas se quitan con alcohol de quemar, pero antes debe probar en un lugar poco visible de la moqueta, pues puede desteñir. Una vez limpia, aplique detergente líquido para alfombras.

ESMALTES Y PINTURAS AL ACEITE
Absorba la pintura fresca con toallas de papel y trate con detergente líquido para alfombras. En las manchas viejas aplique disolvente/solvente, después de hacer una prueba en un lugar poco visible. Si la mancha no desaparece, corte las puntas de las fibras con una tijera.

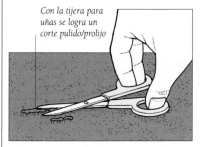

Con la tijera para uñas se logra un corte pulido/prolijo

CORTE LAS FIBRAS ARRUINADAS DE LA ALFOMBRA

20 MANCHAS DE PEGAMENTO

Aplique pegamento con moderación y limpie el excedente mientras aún esté húmedo, para evitar manchas accidentales. Los pegamentos solubles en agua son impermeables cuando se secan, y los que son a base de goma se tratan con gas licuado para encendedores. Generalmente, la mejor solución es cortar las fibras que tienen pegamento seco.

21 QUEMADURAS

Una colilla o las brasas que caen de una chimenea pueden quemar la moqueta. Las quemaduras menores se quitan con papel de lija, pero cuando son más grandes es preciso cortar la parte afectada y reemplazarla por un trozo nuevo de moqueta.

1 Ponga un cuadrado de moqueta nueva sobre la parte quemada y corte ambas a la vez con un cortador.

2 Sustituya el trozo quemado por el nuevo. Pegue con cinta adhesiva resistente de doble faz.

22 MANCHAS BIOLÓGICAS

Generalmente son causadas por animales domésticos; por razones de higiene, deben tratarse inmediatamente. Además, la orina, el vómito y las heces despiden olor desagradable, que se hará más persistente si se dejan sin limpiar.

ORINA
Aplique limpiador de alfombras con desodorizante, o pase una esponja con agua fría y absorba. Limpie con detergente líquido para alfombra y por último enjuague con agua fría y unas gotas de antiséptico.

VÓMITO
Quite el derrame y limpie con una esponja embebida en una mezcla de 15 g (1 cucharadita) de bórax en polvo y 500 ml de agua tibia. Enjuague con agua tibia y antiséptico.

MATERIA FECAL
Quite las heces con cuidado de no extender la mancha. Limpie usando una esponja con agua tibia y unas gotas de amoníaco.

BARRO
Deje secar dos horas, quite con un cepillo de cerdas duras y pase la aspiradora. Las marcas rebeldes se quitan con alcohol de quemar.

QUITE EL BARRO SECO CON UN CEPILLO

PAREDES, VENTANAS Y CHIMENEAS

23 MANCHAS EN EMPAPELADOS

En una ciudad con polución ambiental o en una casa donde hay fumadores es indispensable que las paredes sean lavables. Las manchas de los revestimientos no lavables se pueden quitar siguiendo estas indicaciones:

MANCHAS DE GRASA
Ponga papel de embalar sobre la mancha de grasa y apoye con la plancha tibia (no caliente), corriendo el papel a medida que absorba la grasa.

MANCHAS DE SUCIEDAD
Frote suavemente con una bola de miga de pan blanda. Repita si es necesario.

24 MARCAS DE DEDOS EN PAREDES PINTADAS

Para quitar la suciedad que dejan las manos en lugares que se tocan con frecuencia, como los interruptores de luz, frote suavemente con una goma de borrar. Las manchas de comida se eliminan con un limpiador no abrasivo.

CONCENTRARSE EN UNA ZONA POR VEZ

25 TINTA DE ROTULADORES EN EMPAPELADOS

Donde hay niños pequeños es bastante usual que las paredes estén escritas con rotuladores de fibra. Al igual que las marcas de bolígrafo, son difíciles de quitar. La mejor solución es tapar las manchas con un trozo de papel nuevo, como se indica a continuación.

1 Es imposible limpiar las paredes muy marcadas, pero se pueden tapar fácilmente si hay papel de repuesto. Arranque con cuidado un trozo de papel del rollo. No corte con tijera; los bordes irregulares dan el mejor resultado.

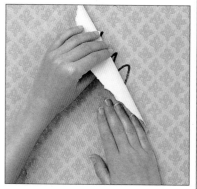

2 Ponga el trozo nuevo sobre la parte manchada, haga coincidir el diseño y pegue con cola para empapelar. Si el empapelado a cubrir es muy viejo, deje al sol el trozo nuevo para que se decolore un poco y no resalte.

26 CÓMO LIMPIAR EL MOHO

Suele aparecer en paredes frías de cocinas y baños, donde se condensa el vapor. Las esporas de los hongos comienzan a aparecer como pequeños puntos negros, y con el tiempo se extienden formando una gran mancha. Lave toda la zona con agua tibia y detergente, prestando especial atención a los rincones y marcos de ventanas. Rocíe con bactericida o aplíquelo con una esponja.

27 MARCAS DE LÁPICES DE CERA EN PAREDES

En empapelados comunes, las marcas de lápiz se pueden quitar con una goma de borrar, pero las de lápices de cera o crayolas son indelebles; deberá pegar un trozo nuevo. En paredes pintadas, será necesario hacer un retoque de pintura. En papeles vinílicos se limpian con una esponja y limpiador cremoso.

28 MARCAS DE GRASA EN VENTANAS

La grasa de las manos se deposita rápidamente en los cristales, sobre todo alrededor de los pomos/picaportes. Los principales responsables de estas manchas son los niños y los animales domésticos, que van constantemente de una habitación a otra. Para que la limpieza de las ventanas no sea una tarea agotadora, conviene limpiar las marcas apenas se producen; así evitará que se acumulen y sean más difíciles de quitar.

1 Para preparar un excelente limpiacristales casero que quita la grasa de las ventanas, mezcle vinagre de vino blanco con agua. Aplique con un rociador de jardinería.

2 Los cristales adquieren un brillo espléndido cuando se frotan con papel de periódico. El secreto de ese brillo tan especial es la tinta.

29 CÓMO DEJAR IMPECABLES LAS VENTANAS

Las ventanas necesitan una limpieza periódica, tanto por fuera como por dentro. Lo mejor es realizar esta tarea los días nublados, que es cuando más se notan la suciedad y las marcas en los cristales. Además, si se lavan en días de sol, se secan demasiado rápido y quedan con marcas.

30 MARCAS DE INSECTOS EN VENTANAS

Atraídos por la luz, los insectos voladores suelen chocar contra las ventanas y dejar manchas antiestéticas que, al secarse, se endurecen y son difíciles de limpiar. Para quitarlas, aplique alcohol de quemar con un paño suave que no raye el cristal, frotando vigorosamente.

31 QUEMADURAS EN CHIMENEAS

Los ladrillos del frente de las chimeneas/hogares requieren limpieza regular, pues están en contacto con las llamas altas y se manchan de negro. Frótelas con agua y un cepillo de cerdas duras, luego pase una esponja con vinagre y aclare/enjuague bien.

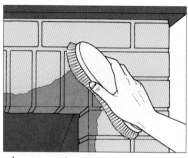

LIMPIE EL HOLLÍN IMPREGNADO CON UN CEPILLO

32 MANCHAS DE HOLLÍN EN CHIMENEAS

Las manchas de hollín son comunes en las casas donde hay chimeneas. Ante todo pase la aspiradora usando la boquilla, luego frote con agua y cepillo la suciedad impregnada. Trate las manchas difíciles con ácido clorhídrico muy diluido con agua, pero con suma precaución, pues es muy tóxico y corrosivo.

33 MANCHAS EN EL MÁRMOL

Si bien el mármol es un material duro y difícil de rayar, también es bastante poroso. Su superficie se puede picar y manchar en contacto con líquidos derramados como vino, té y café.

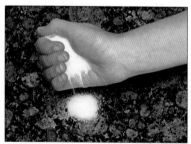

1 Cubra el líquido con sal para impedir que penetre en el mármol. Quite con un cepillo y vuelva a echar sal nueva para que siga absorbiendo líquido.

2 Si la superficie parece estar manchándose, vierta leche sobre un montoncito de sal nueva y deje actuar unos días. Limpie con un paño húmedo.

SANITARIOS

34 CAL EN LOS DESAGÜES

En zonas de aguas duras se suelen acumular depósitos calcáreos alrededor de los desagües/sumideros de bañeras y lavabos, que aparecen como antiestéticas manchas marrones difíciles de quitar. Trátelas frotando vigorosamente con medio limón recién cortado. También se puede usar removedor de cal/sarro.

FROTE CON LA MITAD DE UN LIMÓN

35 CÓMO ELIMINAR LA CAL DE LOS GRIFOS

La cal/sarro que se acumula en los grifos/canillas/llaves de agua y les quita el brillo se puede disolver con vinagre de la siguiente forma: llene una bolsa de plástico con vinagre de vino blanco y colóquela de tal modo que el grifo quede totalmente sumergido; ate bien. Deje actuar varias horas o toda la noche, hasta que la cal/sarro se disuelva. Quite la bolsa, aclare y lustre.

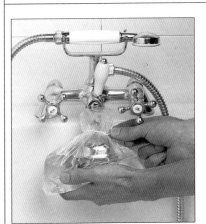

DEJE EL GRIFO SUMERGIDO EN VINAGRE

36 CÓMO LIMPIAR LA BASE DE LOS GRIFOS

Aunque se limpie a diario, la suciedad y los depósitos calcáreos se acumulan en la base de los grifos. Un cepillo de dientes viejo es la herramienta ideal para alcanzar estos lugares difíciles. Aplique pasta limpiadora en el cepillo y frote vigorosamente la base. Repita si es necesario.

FROTE CON UN CEPILLO DE DIENTES VIEJO

LIMPIE CON UN CEPILLO DE CERDAS BLANDAS

37 CÓMO LIMPIAR LAS JUNTAS DE AZULEJOS

La suciedad se acumula rápidamente en las juntas de azulejos de baños y cocinas; esto no sólo es antiestético sino también antihigiénico. Limpie con un cepillo de dientes viejo o con uno de cerdas blandas embebido en una mezcla de agua y lejía/lavandina/cloro. Si están muy percudidas, conviene volver a aplicar pasta para juntas.

38 RAYAS EN BAÑERAS DE METACRILATO

Las marcas superficiales se pueden eliminar con pasta para lustrar metales y un paño suave. Si son más profundas, pula con una lija al agua de grano fino mojada, frotando hasta que el papel se gaste, y así trabajar con papel cada vez más fino. Por último, limpiar con pasta para lustrar metales.

TRABAJE CON PAPEL DE LIJA AL AGUA

39 MOHO EN CORTINAS PLÁSTICAS DE BAÑERAS

En los cuartos de baño, donde hay mucho vapor y poca ventilación, las cortinas quedan mojadas durante bastante tiempo después de usadas. La humedad es el caldo de cultivo perfecto para los hongos que forman el moho, cuyas esporas se acumulan en la cortina, que parecería estar cubierta de grandes manchas de suciedad. La forma de tratarlo es la siguiente:

■ Si las manchas de moho son menores, lave usando una esponja con una mezcla de agua y lejía/lavandina/cloro o antiséptico.

■ Si la cortina está muy afectada, sumérjala en agua mezclada con lejía o lávela muy bien con una esponja. Luego, rocíela con bactericida apropiado para evitar que el moho vuelva a formarse.

SUMERJA LA CORTINA
EN AGUA CON LEJÍA

---

40 MANCHAS EN BAÑERAS DE LOZA/ENLOZADAS

No todas las bañeras necesitan el mismo cuidado. La guía que aparece a continuación señala la manera de tratar las manchas en bañeras de loza esmaltada o vitrificada. En lo posible, evite los limpiadores abrasivos, pues quitan el brillo.

MANCHAS VERDE AZULADO
Causadas por los minerales del agua que gotea de los grifos. Aplique limpiador para esmalte vítreo con una esponja, concentrándose en la parte afectada. No trate la mancha con limón ni vinagre, pueden dañar el esmalte.

DEPÓSITOS CALCÁREOS
Use un limpiador para esmalte vítreo o para loza esmaltada. Tenga en cuenta que estas manchas se notan más en bañeras oscuras.

MANCHAS DE ÓXIDO
Intente con el tratamiento para manchas verdes azuladas; si no da resultado, use un limpiador que elimine el óxido.

MARCAS DE SUCIEDAD
Para evitar que se formen, debe lavar y enjuagar bien la bañera después de cada uso. Las marcas se quitan con limpiador para esmalte vítreo. Si son rebeldes, frote con un paño embebido en aguarrás, lave con agua y detergente líquido y aclare bien.

Elementos para limpiar el baño

Cocina

41 Cómo blanquear los fregaderos/piletas de loza

Se ponen amarillentos o más oscuros en los lugares donde la loza está gastada o rajada, y la suciedad penetra y se acumula. Para que vuelvan a quedar blancos y brillantes, cubra con varias capas de toallas de papel y, usando guantes de goma, empape las toallas con lejía. Deje actuar 30 minutos, quite las toallas y aclare/enjuague muy bien.

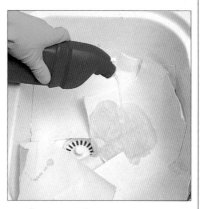

EMPAPE CON LEJÍA LAS TOALLAS DE PAPEL

42 Manchas en la loza

Para quitar las manchas suaves, lave con una esponja con detergente y aclare. Este simple método es tan efectivo como los productos limpiadores para baños. Debe evitar los productos abrasivos porque desgastan la superficie de la loza y hacen más difícil su limpieza. Las manchas rebeldes se quitan con una esponja y aguarrás.

43 Fregaderos de acero inoxidable opacos

Las salpicaduras de agua y las marcas de dedos opacan la superficie del acero inoxidable. Las marcas de agua se quitan con alcohol de 90° o vinagre. Para que brillen, pula con un paño suave y lustre para acero inoxidable.

Use un paño suave para no rayar la superficie

44 MANCHAS EN LA PUERTA DEL HORNO

La puerta acristalada del horno suele salpicarse con comida, sobre todo si se abre hacia abajo y se usa para apoyar las bandejas. Si no se limpian enseguida, las salpicaduras se queman y se hacen difíciles de quitar. Deje enfriar el horno y aplique un limpiador abrasivo, frotando vigorosamente. Limpie el cristal por dentro y por fuera, incluyendo las esquinas. Termine pasando un paño suave.

DEJE QUE EL HORNO SE ENFRÍE

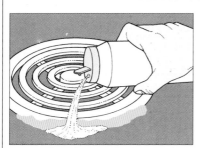
SOLUCIÓN DE ACCIÓN RÁPIDA

45 MANCHAS ALREDEDOR DE LOS QUEMADORES

Cuando las ollas que están sobre el fuego se desbordan o salpican, forman manchas que, al calentarse, se fijan. Para evitarlo, cúbralas inmediatamente con sal. Las manchas secas se tratan cuando se enfría el quemador/hornalla: cubra con un paño embebido en detergente y agua, deje actuar dos horas y limpie.

46 CÓMO PROTEGER LA BANDEJA DE HORNEAR

Para evitar la acumulación de grasa que podría prenderse fuego, la bandeja/asadera se debe lavar después de usada. Si esta tarea resulta cansadora, forre el fondo de la bandeja con papel de aluminio y quítelo cuando esté muy sucio.

CUBRA LA BANDEJA CON PAPEL DE ALUMINIO

47 OLLAS QUEMADAS

Si accidentalmente se quema una olla, solucione el problema del siguiente modo: deje secar los restos quemados, quite la mayor cantidad posible y llene la olla con una mezcla de agua y detergente biológico (con enzimas). Deje actuar dos horas, ponga sobre el fuego y lleve a ebullición: los restos quemados comenzarán a desprenderse. Tire el agua y lave frotando bien. Si quedan manchas rebeldes, repita el procedimiento varias veces.

LLENE LA OLLA CON AGUA Y PONGA A HERVIR

48 OLLAS DE ALUMINIO

Con el tiempo, las ollas de aluminio suelen oscurecerse debido al contacto frecuente con agua hirviendo. La solución es hervir agua con frutas ácidas frescas, como ruibarbo y peladura de manzana; luego enjuagar y secar. Para quitar las manchas, llene las ollas con agua y bórax en polvo, o agregue bórax al agua con detergente del lavado, para que actúe como agente limpiador.

PREPARE UNA SOLUCIÓN ÁCIDA CON AGUA Y FRUTAS

49 MARCAS EN OLLAS DE ACERO INOXIDABLE

Aunque las ollas de acero inoxidable tienen la ventaja de ser duraderas y resistentes, su superficie lustrosa resulta afectada por el calor y las manchas. Afortunadamente, la mayoría se pueden quitar.

- Para eliminar las marcas de calor, moje una esponja de cocina con zumo de limón y frote con movimientos circulares para no rayar la superficie.
- Quite las manchas irisadas causadas por salpicaduras de grasa con un producto limpiador para acero inoxidable.
- Las sales que contiene el agua corriente dejan un sedimento blanco. Para evitarlo, seque bien las ollas después de usarlas.

50 MANCHAS NEGRAS EN ACERO INOXIDABLE

Ciertas comidas, como los huevos –especialmente la yema hervida– dejan manchas oscuras en el acero inoxidable. En los cubiertos, las manchas rebeldes se limpian con un paño húmedo y sal. Para que no se oscurezcan, lave y aclare bien después de usados.

51 CÓMO EVITAR QUE SE OSCUREZA LA PLATA

La plata se ennegrece fácilmente, por lo tanto es preciso lavar los cubiertos inmediatamente después de usados. Si no tiene lavaplatos, una solución rápida consiste en colocar algunas láminas de papel de aluminio en el fondo de un recipiente, poner encima los cubiertos de plata y cubrirlos con agua hirviendo. Agregue 45 g (3 cucharadas) de bicarbonato de sodio y deje en remojo por lo menos 10 minutos.

ESPOLVOREE CON BICARBONATO DE SODIO

52 MANCHAS EN NÁCAR Y HUESO

Los mangos de nácar o hueso de los cubiertos se ponen amarillos con el tiempo, pero no se pueden lavar con agua porque se arruinan. Para blanquearlos, prepare una pasta espesa mezclando el zumo de medio limón con un poco de tiza de sastre. Esparza la pasta con el dedo o con un paño blanco suave y deje actuar una hora. Quite la pasta con un paño suave y limpio.

Aplique con un paño blanco suave o con el dedo

LIMPIE LOS MANGOS CON LA PASTA

53 MARCAS EN LA CRISTALERÍA

El vidrio y el cristal tienen su mejor aspecto cuando están relucientes. Para lograr un brillo impecable, lave a mano las copas delicadas. Nunca ponga cristal o vidrio fino en el lavaplatos; hasta los polvos limpiadores más suaves los dejan opacos.

LA PIEL DE LIMÓN DA BRILLO
La piel de limón en el agua de enjuague deja los vasos sin marcas de dedos o de grasa; su acidez natural les da brillo.

CÓMO LUSTRAR LAS COPAS
Frote con una pasta fina preparada con polvo para hornear y agua. Aclare bien y seque con un paño suave.

54 MANCHAS EN FLOREROS, JARRONES Y LICORERAS

Cuando se vuelve opaco el interior de recipientes de vidrio de cuello estrecho, llénelos con una mezcla de vinagre blanco, agua y un puñado de arena gruesa, agite bien y enjuague. Las manchas rebeldes de oporto requieren medidas más drásticas: llene el recipiente hasta dos tercios con una mezcla de lejía y agua, y deje actuar agitando de vez en cuando para ver si la mancha desaparece. Aclare bien para que no queden vestigios u olor a lejía.

Sostenga la licorera por el cuello y muévala para que actúe el líquido

QUITANDO LAS MANCHAS REBELDES

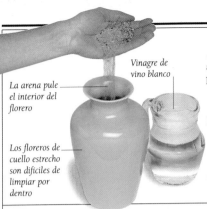

La arena pule el interior del florero

Vinagre de vino blanco

Los floreros de cuello estrecho son difíciles de limpiar por dentro

55 MANCHAS EN FLOREROS DE PORCELANA

El agua quieta de las flores puede manchar el interior de los floreros. Si tienen cuello estrecho, es muy difícil limpiarlos por dentro. Un modo práctico de hacerlo es echar un puñado de arena gruesa y llenar con vinagre de vino blanco; agitar bien, dejar toda la noche y aclarar/enjuagar.

56 CÓMO LIMPIAR EL INTERIOR DE LAS TETERAS

Después de usar la tetera, muchos simplemente la aclaran/enjuagan, pues temen que el detergente afecte el sabor del té. Con el uso diario, pronto se forman manchas marrones. Siguiendo estos pasos se pueden eliminar las manchas de la tetera sin que queden residuos que modifiquen el sabor.

1 El interior se limpia con bicarbonato de sodio, que no deja sabor ni olor. Aplique con un paño blanco húmedo.

2 Frote con el paño y enjuague bien. Guarde en un lugar donde no haya polvo; sin tapar, para que pueda circular el aire.

57 CÓMO QUITAR LAS MANCHAS DE LAS TAZAS

Las manchas de té, café en tazas, y las de tabaco en la loza y porcelana, también se quitan con un paño húmedo y bicarbonato de sodio. Tenga cuidado cuando aplique este método en la porcelana fina, porque puede opacarla.

MUEBLES Y LIBROS

58 MARCAS EN MUEBLES DE MADERA MACIZA

Los muebles de madera maciza son muy elegantes, y aunque casi todos están protegidos por una capa de laca o lustre, se pueden arruinar con objetos calientes, agua, grasa, rayas o golpes.

MANCHAS DE AGUA

Absorba inmediatamente el agua con toallas de papel para evitar que penetre en la madera. Una vez seca, aplique lustre para metales en pasta, frotando en la dirección de la veta. Si la mancha es grande, aplique cera líquida con lana de acero fina.

MANCHAS DE GRASA

Absorba el exceso; si quedan manchas oscuras, limpie con vinagre puro para disolver la grasa absorbida. Por último, limpie con vinagre diluido en agua.

PEQUEÑAS MARCAS DE QUEMADURAS

Quite el acabado de la superficie y pula los bordes ásperos. Cubra con un trozo de papel secante húmedo, tape con película plástica autoadherente y deje toda la noche. Complete el acabado de la superficie.

GRANDES MARCAS DE QUEMADURAS

Raspe la zona quemada con un cuchillo afilado hasta que quede un hueco sin marcas de quemadura. Rellene con masilla para madera del mismo color. Una vez seca, lije hasta que quede suave y pinte con el color adecuado, siguiendo la veta.

MARCAS POR CALOR

Las manchas blancas producidas por calor se eliminan aplicando una pasta preparada con aceite vegetal y sal, siguiendo la veta de la madera. Deje actuar dos horas y limpie.

MARCAS DE GOLPES

Tape de inmediato el hueco con papel secante húmedo. Pase encima la plancha tibia, para que la madera se hinche.

RAYAS

Aplique cera de abejas y un poco de aceite de lino, un lápiz de cera del mismo color, o crema para zapatos. Lustre bien.

Lustre con cera de abejas y un paño suave

59 CÓMO PROTEGER UNA MESA DE MADERA

Si planea una fiesta infantil o una gran reunión familiar, y existe el riesgo de que una mesa de madera de buena calidad se arruine con manchas de alimentos o bebidas, pruebe este método: cubra la mesa con una buena capa de película plástica autoadherente, de modo que quede bien pegada, y ponga encima el mantel. Se puede tomar esta misma precaución con tapas de pianos y otros muebles nobles sobre los que puedan caer accidentalmente bebidas y comidas.

FORRE LA MESA CON PELÍCULA PLÁSTICA AUTOADHERENTE

60 ÓXIDO EN MUEBLES DE METAL

El óxido de los muebles metálicos de jardín que quedan al aire libre durante el invierno o de muebles decorativos como revisteros (*derecha*) se elimina frotando enérgicamente con un cepillo de alambre o con lana de acero. Use gafas protectoras, pues pueden saltar partículas de metal y penetrar en los ojos. Si hay zonas rebeldes, use un removedor de óxido líquido. Para impedir que los muebles continúen oxidándose, pinte con antióxido o aplique cera para muebles en pasta.

QUITE EL ÓXIDO CON UN CEPILLO DE ALAMBRE

61 MANCHAS DE TINTA EN PIEL

Es difícil evitar que la cubierta de piel/cuero de un escritorio se ensucie con tinta. La mejor solución es aplicar un protector para cueros, que lo preserva de las manchas y mantiene limpia su superficie. Las manchas se quitan con estos sencillos métodos:

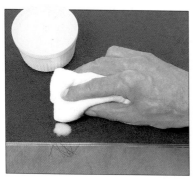

TINTA DE BOLÍGRAFO
Aplique leche en un paño suave y frote la mancha. Limpie con esponja y agua tibia.

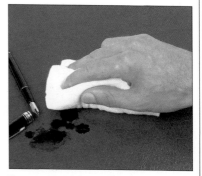

TINTA DE ESTILOGRÁFICA
Absorba de inmediato con toallas de papel para que la tinta no penetre y limpie con aguarrás.

62 CÓMO LIMPIAR LAS TECLAS DEL PIANO

Las teclas de marfil se ponen amarillas con el tiempo y el uso. Los días de sol, deje abierta la tapa del piano; la luz solar blanquea las teclas. Las manchas se quitan con dentífrico y un paño suave húmedo. Frote las teclas una a una; luego enjuague con un paño embebido en leche y bien escurrido, para que la leche no se filtre en el interior. Finalmente, seque bien con un paño suave.

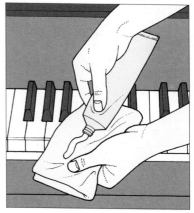

LAS TECLAS DE MARFIL SE LIMPIAN CON DENTÍFRICO

63 CÓMO LIMPIAR LA ESFERA DEL RELOJ

El reloj de la cocina seguramente necesitará más limpieza que los que están en otra habitación, pues se ensucia rápidamente con grasa. Para quitar las marcas del cristal y de la esfera, limpie suavemente con un paño blanco suave y alcohol de quemar. Si el reloj es muy valioso, protéjalo con una bolsa de plástico cuando haga la limpieza diaria.

Lleve el paño hasta las esquinas

LIMPIEZA CON ALCOHOL DE QUEMAR

64 MOHO Y MARCAS DE GRASA EN LIBROS

El moho se forma cuando los libros están demasiado apretados y el aire no puede circular. Se evita rociando los estantes con aceite de clavo de olor. Lávese bien las manos antes de tomar los libros; de lo contrario las hojas se pueden manchar con grasa.

ESPOLVOREAR EL MOHO CON FÉCULA DE MAÍZ
Las manchas de moho en las tapas de los libros son muy desagradables; si no se limpian, se pueden extender. Espolvoree el moho con fécula de maíz, deje actuar unos días y cepille.

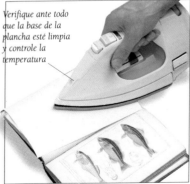

Verifique ante todo que la base de la plancha esté limpia y controle la temperatura

ABSORBER LA GRASA CON PAPEL SECANTE
Las manos sucias con grasa manchan las hojas. Para eliminar las manchas de grasa, cubra con papel secante y apriete con la plancha tibia.

65 MANCHAS EN MARCOS DORADOS

Las manchas en marcos de madera con dorado a la hoja se eliminan con un tratamiento especial: entibie una botella de trementina en un recipiente con agua caliente y aplique en el marco, frotando con un paño blanco suave. Luego, limpie con una mezcla de 45 ml (3 cucharadas) de vinagre y 600 ml de agua fría. Lustre con un paño suave.

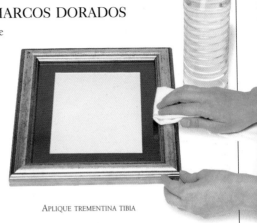

APLIQUE TREMENTINA TIBIA

66 APARATOS ELECTRÓNICOS

Si acostumbra a comer o beber junto a su ordenador/computadora o tiene un teléfono en la cocina, éstos se ensuciarán con mucha facilidad. Este tipo de manchas y el polvo que hay en el ambiente son los principales enemigos de los aparatos electrónicos.

LIMPIEZA DEL TECLADO
Las manchas de las teclas se quitan con hisopos embebidos en alcohol de quemar. Los lados de las teclas se limpian con hisopos secos.

LIMPIEZA Y DESINFECCIÓN DEL TELÉFONO
Limpie las manchas con algodón y alcohol desnaturalizado, y el micrófono y el auricular con algodón y antiséptico líquido.

41

TAPIZADOS

67 CÓMO PROTEGER LOS TAPIZADOS

Los tapizados de los sillones y sofás sufren mucho desgaste, sobre todo en casas donde hay niños y animales domésticos. Lo mejor es comprar fundas desmontables que se puedan lavar o limpiar a seco; si no, proteja el tapizado con estos métodos:

◁ PROTECTOR EN AEROSOL
Rocíe con movimientos ondulantes los tapizados nuevos de colores firmes desde unos 20 cm. Una vez seco, el protector repele los líquidos; así, los derrames accidentales son más fáciles de limpiar.

△ PROTECCIÓN CONTRA EL SOL Y EL POLVO
La luz solar directa decolora las telas. Proteja el tapizado fijo del polvo y los rayos del sol con una funda lavable.

△ PROTECCIÓN CONTRA EL DESGASTE
Los brazos de sillones y sofás son probablemente las partes más vulnerables. Las fundas desmontables impiden que se manchen y se gasten.

68 MÉTODOS PARA QUITAR LAS MANCHAS

Tal como ocurre con la ropa (*Consejos 83-101*), la limpieza de las fundas desmontables depende del tipo de tela. Las fundas deben volverse a colocar cuando todavía están húmedas para que encajen bien. Los tapizados fijos, que no se pueden quitar, deben ser tratados por un limpiador profesional, o se pueden seguir las técnicas indicadas abajo. Pruebe siempre los tratamientos caseros en partes poco visibles de la tela.

1 △ Quite todo el exceso con una cuchara y absorba bien con toallas de papel blanco para evitar que la mancha penetre en la tela y se haga permanente.

2 △ Si la mancha es de comida grasosa o de salsa, espolvoree con capa gruesa de talco y deje actuar para que absorba la grasa.

3 △ Espere 10 minutos y quite el talco con un cepillo de cerdas suaves. Si la mancha no desaparece, repita el procedimiento con más talco.

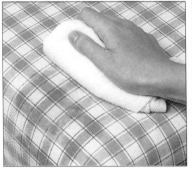

4 △ Si se trata de una mancha seca, ablande con una mezcla de glicerina y agua tibia a partes iguales. Enjuague y aplique limpiador para tapizados con una esponja, después de probar en un lugar oculto.

69 MANCHAS DE COMIDA

Cuando alguien come mientras realiza otra actividad aumentan las probabilidades de que la comida caiga accidentalmente en el tapizado. La guía de más abajo señala la forma de tratar algunas de las manchas más comunes de alimentos.

HUEVO
Quite el exceso, aplique agua fría y sal con una esponja, y finalmente agua. Use quitamanchas para las marcas residuales.

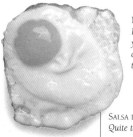

MOSTAZA
Retire el exceso y pase una esponja con agua y detergente. Aplique una mezcla de 5 ml (1 cucharadita) de amoníaco y 500 ml de agua tibia; absorba, aclare y absorba otra vez.

YOGUR
Quite el exceso con una cuchara, pase una esponja con agua tibia y absorba con toallas de papel. Una vez seca, aplique quitamanchas en aerosol.

SALSA DE TOMATE
Quite todo lo posible con una cuchara y limpie con un paño limpio embebido en agua, bien escurrido. Cuando la mancha se seque, aplique quitamanchas en aerosol.

SOPA
Absorba el líquido con toallas de papel para que no penetre. Luego, trate la mancha igual que las de grasa: espolvoree talco, espere 10 minutos y cepille. Aplique limpiador para tapizados, aclare y absorba.

REMOLACHA
Es prácticamente imposible quitar las manchas de remolacha con tratamientos caseros; es necesario llamar a un limpiador profesional.

¡Atención! Procure que los niños usen siempre un plato para comer.

MERMELADAS Y CONFITURAS
Quite todo el exceso con una cuchara y luego limpie con una esponja con agua tibia y detergente, sin mojar demasiado el tapizado. En las manchas rebeldes aplique bórax en polvo, espere 15 minutos, quite con la esponja y absorba.

70 MANCHAS DE CHOCOLATE

Los vertidos de chocolate sobre un tapizado no lavable son un inconveniente, sobre todo si el chocolate se calienta y se derrite en la tela o si algún distraído se sienta encima. El método siguiente de tres pasos es el más efectivo para limpiar esta rebelde mancha.

1 △ Deje que el chocolate se endurezca y quite la mayor cantidad posible con un cuchillo sin filo.

2 △ Aplique espuma para limpiar alfombras, frotando suavemente, sin mojar demasiado el relleno.

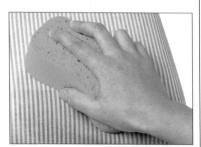

3 △ Quite la espuma con una esponja húmeda. Una vez seca la mancha, elimine los vestigios con un quitamanchas líquido, después de hacer una prueba en una parte poco visible de la tela.

REALICE ESTA TAREA CON GUANTES DE GOMA

71 MANCHAS DE CURRY

Las manchas frescas de curry son muy difíciles de quitar en los tapizados fijos; las grandes incluso pueden necesitar tratamiento profesional. En manchas menores, quite la salsa con una cuchara y frote con un paño o esponja embebido en una mezcla de 15 g (1 cucharada) de bórax y 500 ml de agua, bien exprimido. Aclare y absorba.

72 MANCHAS DE VINO TINTO

El método que se indica a continuación se aplica a las manchas frescas; puede ser menos efectivo con las secas, que son más difíciles de quitar. Cuanto antes las trate, mejor será el resultado.

1 △ Absorba el vino con toallas de papel. Diluya la mancha con una esponja y agua tibia, y vuelva a absorber. Repita si es necesario. Si la mancha persiste, espolvoree con talco.

2 △ Deje que el talco absorba la mancha unos minutos. Quítelo con un cepillo de cerdas blandas, y continúe con el tratamiento del paso anterior hasta que la mancha desaparezca.

73 MANCHAS DE TÉ Y DE CAFÉ

Las tazas de té o de café con leche que se dejan sobre el brazo de un sillón se vuelcan fácilmente. Si sucede, pruebe estos consejos:

△ MANCHAS DE CAFÉ CON LECHE
Absorba con toallas de papel y cubra con jabón biológico en polvo. Deje actuar unos minutos y limpie.

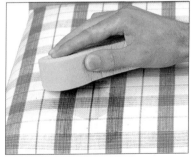

△ MANCHAS DE TÉ
Pase una esponja con una mezcla de 15 g (1 cucharada) de bórax y 500 ml de agua tibia y enjuague con un paño húmedo.

74 MANCHAS DE OTRAS BEBIDAS

Si intenta limpiar manchas de líquidos en tapizados fijos cuide de no mojar demasiado la tela, especialmente si son asientos acolchados o si tardan mucho en secarse.

LECHE Y NATA/CREMA
Trate de inmediato, pues si se absorben, pronto se ponen agrias y despiden olor desagradable. Moje con una esponja y agua tibia, y absorba con toallas de papel. Una vez seco, aplique quitamanchas en aerosol.

CAFÉ
Pase una esponja con agua fría; si es necesario, aplique detergente líquido para alfombras o para tapizados.

CHOCOLATE CALIENTE
Absorba con toallas de papel y cubra con detergente biológico. Enjuague con una esponja húmeda.

BEBIDAS DE COLA
Absorba con toallas de papel y pase repetidas veces una esponja con agua fría hasta que desaparezca la mancha. Absorba para que se seque.

CERVEZA
Absorba bien y limpie con un paño húmedo. Las manchas rebeldes se tratan con quitamanchas en aerosol; las manchas secas en telas naturales se limpian con agua y vinagre de vino blanco.

BEBIDAS ALCOHÓLICAS
Elimine cualquier resto pegajoso usando una esponja con agua tibia, luego absorba. Si la mancha no se va, aplique quitamanchas para tapizados. En telas delicadas, pida el consejo de un especialista.

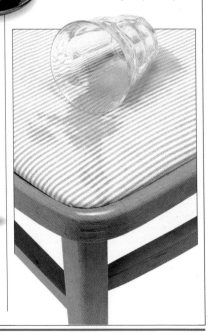

ZUMO DE FRUTA
Pase directamente una esponja con agua fría, luego absorba hasta que quede casi seca. Para quitar las manchas difíciles aplique quitamanchas líquido; da muy buen resultado.

75 MANCHAS DE PRODUCTOS DE USO COTIDIANO

En lo posible, mantenga los lustres líquidos, estilográficas/plumas fuente y cosméticos lejos de los tapizados. Tape bien después de usarlos para evitar que pierdan. Si se producen manchas, siga las siguientes indicaciones:

LUSTRE PARA METALES
Limpie con una esponja con agua tibia. Deje secar y cepille los restos de polvillo.

TINTA DE ESTILOGRÁFICA/PLUMA FUENTE
Primero, diluya la mancha pasando una esponja con agua y absorba bien con toallas de papel. Una vez seca, trate con quitamanchas.

CREMA PARA ZAPATOS
Quite con una cuchara todo el exceso. Limpie con un paño blanco humedecido con aguarrás o con quitamanchas. Las manchas rebeldes se tratan con alcohol desnaturalizado y luego con detergente líquido para alfombras.

ESMALTE PARA UÑAS Y LÁPIZ DE LABIOS
Quite el excedente con pañuelos de papel. Aplique quitaesmalte no oleoso con un paño blanco suave, pero antes pruebe en una parte oculta de la tela.

CERA DE VELA
No intente quitarla directamente: cubra con un trozo de papel de embalar y pase la plancha tibia para derretir la cera. Si hay manchas de color, limpie con alcohol desnaturalizado.

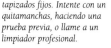

GOMA DE MASCAR
Es muy difícil eliminarla de los tapizados fijos. Intente con un quitamanchas, haciendo una prueba previa, o llame a un limpiador profesional.

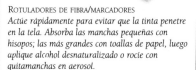

ROTULADORES DE FIBRA/MARCADORES
Actúe rápidamente para evitar que la tinta penetre en la tela. Absorba las manchas pequeñas con hisopos; las más grandes con toallas de papel, luego aplique alcohol desnaturalizado o rocíe con quitamanchas en aerosol.

76 MARCAS DE BOLÍGRAFO

Actúe con rapidez: la tinta de bolígrafos en las telas es difícil de quitar, particularmente en los tapizados fijos, que no se pueden lavar. Si el sencillo tratamiento de más abajo no da resultado, es mejor que solicite a la empresa fabricante del bolígrafo la siguiente información:

- Las tinturas específicas que contiene la tinta y los disolventes que las pueden quitar.
- Si venden un quitamanchas específico.
- Si un limpiador profesional puede quitar las manchas.

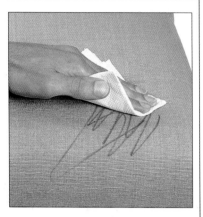

1 △ Primero, absorba toda la tinta posible frotando la tela con hisopos. Absorba las manchas más grandes con toallas de papel.

2 △ Frote con otro hisopo embebido en alcohol de quemar, cuidando de no extender la mancha. Repita la operación con más hisopos, hasta que la mancha desaparezca.

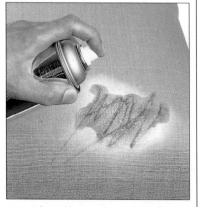

3 △ Si la mancha no responde al tratamiento con alcohol, rocíe con quitamanchas en aerosol, probando previamente en un lugar poco visible. Si esto tampoco es efectivo, pida asesoramiento a la empresa que fabrica el bolígrafo.

77 HUELLAS DE BARRO Y PELOS DE ANIMALES DOMÉSTICOS

En las casas donde hay animales, las huellas de patas con barro y el pelo que queda en cojines/almohadones, sillones y otros lugares suelen ser un problema constante. Además, pueden ensuciar la ropa. Para quitarlos fácilmente, proceda como sigue, repitiendo la operación si es necesario.

CÓMO QUITAR LOS PELOS
La cinta adhesiva resulta muy efectiva para quitar los pelos de las telas. Enrolle un trozo alrededor de tres dedos de la mano, con el lado adhesivo hacia fuera, y pase la mano sobre la tela hasta que la cinta pierda la adherencia. Puede ser que necesite varios trozos de cinta para terminar el trabajo.

1 ◁ Deje secar el barro. Luego, quite suavemente con un cepillo de cerdas blandas, cuidando de no dañar el tapizado.

2 ▽ Aspire los restos de barro con la aspiradora. Finalmente, limpie con una esponja humedecida en agua tibia y un poco de detergente líquido. Absorba y deje secar.

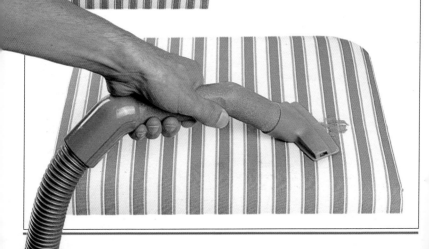

78 QUEMADURAS

Las quemaduras de cigarrillo suelen dañar los tapizados. Quite las marcas leves aplicando una mezcla de agua tibia y glicerina a partes iguales, deje actuar dos horas y enjuague. Las marcas más importantes se tratan con 15 g (1 cucharada) de bórax mezclado con 500 ml de agua tibia.

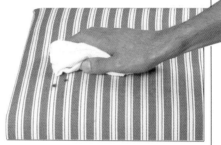

APLIQUE GLICERINA PARA ABLANDAR LA MANCHA

79 MANCHAS BIOLÓGICAS

Las manchas de orina y vómito son sumamente desagradables, y prácticamente inevitables en casas donde hay animales domésticos. Por razones de higiene es preciso realizar la tarea de limpieza con guantes descartables de plástico o los de goma. Quite o absorba todo el exceso; desinfecte y desodorice bien la zona afectada.

ORINA
Si no se quita bien, deja olor y una mancha amarilla indeleble. Limpie las manchas recientes con una esponja y agua fría, absorba bien y aplique una mezcla de 15 ml (1 cucharada) de vinagre y 500 ml de agua tibia. Las manchas viejas deben ser quitadas por un limpiador profesional.

VÓMITO
Quite todo el exceso, cuidando de no extender la mancha. Pase una esponja con agua tibia y unas gotas de amoníaco, y seque. O aplique limpiador para tapizados con desodorante.

MATERIA FECAL
Quite las heces usando guantes descartables de plástico o una bolsa de plástico que cubra la mano. Limpie los restos con una esponja y agua tibia mezclada con un poco de amoníaco, para desinfectar.

POLEN DE FLORES
Es conveniente mantener las flores que tienen mucho polen, como los lirios, lejos de los tapizados. Las manchas se limpian con alcohol de quemar, probando antes en un lugar oculto de la tela. Aclare con una esponja y agua tibia.

El polen de los lirios es una tintura natural

ROPA DE CAMA

80 MANCHAS EN COLCHONES

Trátelas de inmediato, de lo contrario penetran en el colchón y lo estropean. Para quitar las manchas de orina y vómito, limpie con agua fría mezclada con detergente líquido y luego aclare con agua fría y unas gotas de antiséptico. Finalmente, absorba bien. Las manchas de sangre pequeñas no necesitan lavado; basta con aplicar una pasta espesa preparada con bicarbonato de sodio y un poco de agua; deje secar y por último cepille. Para quitar las manchas de sangre más grandes, siga estos tres pasos:

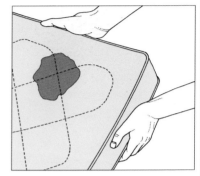

1 △ Quite la ropa de cama y apoye el colchón sobre un lado (posiblemente se necesiten dos personas para levantarlo) para evitar que penetren la mancha y el agua del tratamiento.

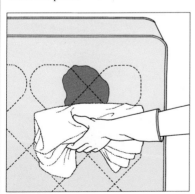

2 △ Usando guantes de goma, doble una toalla vieja y sitúela justo debajo de la zona manchada. Apriete con fuerza contra el colchón para que la mancha no se extienda hacia abajo..

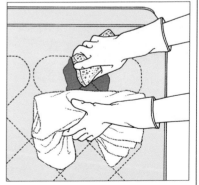

3 △ Limpie con una esponja y agua fría mezclada con sal hasta que la mancha desaparezca, luego enjuague con agua fría. Absorba bien con toallas de papel. Deje secar sin cambiar la posición del colchón.

81 MANCHAS DE BEBIDAS CALIENTES EN MANTAS

Si acostumbra tomar bebidas calientes –té, café o chocolate– en la cama, tarde o temprano manchará la manta. Estas manchas tienen el color de la bebida y la grasa de la leche, así que es preciso actuar con rapidez para evitar que se fijen.

- Con manchas de té, sumerja de inmediato la manta en un cubo/balde con agua tibia. Si la mancha está seca, trate de blanquearla cuidadosamente aplicando una mezcla de 1 parte de agua oxigenada y 6 de agua. Enjuague y lave.
- Con manchas de café o chocolate, enjuague la manta con agua tibia y lave. Use quitamanchas para quitar los restos de color.

ENJUAGUE CON AGUA TIBIA

82 MANCHAS EN ALMOHADAS Y COJINES

No es necesario lavarlos: simplemente aísle la parte manchada para que las plumas o el relleno sintético no absorban el líquido. Sostenga la funda desde una punta y sacuda haciendo que el relleno vaya hacia abajo. Ate un hilo alrededor de la mancha y moje con una mezcla de agua y detergente biológico. Aclare bien con agua fría y deje secar.

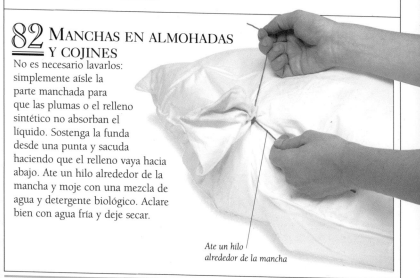

Ate un hilo alrededor de la mancha

ROPA

83 MÉTODOS PARA QUITAR LAS MANCHAS

Las prendas manchadas nunca deben lavarse con agua caliente, pues ésta fija las manchas, haciendo que sea casi imposible quitarlas. Cuando una prenda lavable se mancha, es preciso tratarla primero con los métodos de prelavado que figuran a continuación, y luego completar el proceso lavándola en la lavadora/lavarropas.

△ ACLARAR/ENJUAGAR CON AGUA FRÍA
Actúe de inmediato aclarando la prenda con agua corriente fría. Si la lleva puesta, pase una esponja con agua fría hasta que la mancha desaparezca.

△ DEJAR EN REMOJO
Si el paso anterior no da resultado, deje en remojo en agua tibia y jabón biológico. Las manchas que tienen proteínas, como las de sangre, responden a este tratamiento.

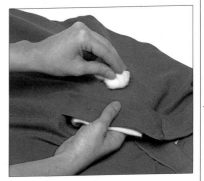

△ LIMPIAR CON DISOLVENTE/SOLVENTE
En el caso que la mancha persista, aplique solvente, sosteniendo un paño debajo de ella para evitar que pase y ensucie otras partes de la tela.

84 PRODUCTOS PARA EL LAVADO DE ROPA

Existen detergentes líquidos y en polvo con distinto poder de limpieza; muchos contienen agregados que favorecen la eliminación de manchas. Algunas también se tratan con lejía/lavandina/cloro o bórax.

DETERGENTE LÍQUIDO — SUAVIZANTE — LEJÍA/LAVANDINA /CLORO

JABÓN/DETERGENTE EN POLVO

JABÓN BIOLÓGICO EN POLVO

JABÓN PARA LAVADO A MANO

BÓRAX

85 CÓMO LIMPIAR LAS TELAS

El tratamiento de las manchas varía según el tipo de tela afectada. Esta guía puede resultar de utilidad para lograr buenos resultados.

Remoje brevemente las prendas de color

TELAS BLANCAS
Las telas de algodón y otras fibras naturales se pueden blanquear con lejía; no así las sintéticas que se ponen amarillas y es mejor limpiar con detergente.

TELAS DE COLOR
Para evitar que destiñan trate las manchas con un método no muy intensivo. Una buena solución es sumergirlas en agua con bórax, que es un agente blanqueador suave.

FIBRAS NATURALES
Se pueden lavar con agua bien caliente, de modo que para quitar las manchas basta con aclararlas o dejarlas en remojo antes de poner en la lavadora/lavarropa.

Fibras sintéticas
Los quitamanchas contienen productos químicos que pueden dañarlas, por lo tanto antes de aplicarlos pruebe en un lugar poco visible de la prenda.

TELAS DELICADAS
Deben lavarse a mano; para limpiar las manchas emplee un método suave, evitando los disolventes químicos muy fuertes, y pida consejo profesional.

86 MANCHAS DE COMIDA

A la hora de comer, es muy común que la comida caiga en la ropa y en el mantel. En estos casos, ante todo quite el exceso, luego trate la grasa y finalmente intente eliminar el color. A continuación se explica cómo puede tratar algunas manchas "difíciles" de comida sin que queden vestigios.

CURRY Y SALSAS DE CURRY
Para quitar las manchas frescas en manteles y ropa, enjuague con agua tibia y luego frote con una mezcla de glicerina y agua tibia a partes iguales. Deje actuar media hora y vuelva a enjuagar. Lave en la lavadora/lavarropas con jabón biológico.
- *Las manchas rebeldes se quitan con una mezcla de agua y un poco de agua oxigenada.*

SOPAS CREMA
Muchas sopas están preparadas a base de caldo de carne o verdura y nata/crema, por lo tanto deben tratarse como manchas de grasa. Absorba el líquido para impedir que penetre en la tela.
- *En telas delicadas, aplique aceite de eucalipto y lave a mano.*
- *En telas comunes, absorba el líquido y lave en la lavadora/lavarropas teniendo en cuenta las indicaciones de la etiqueta de la prenda.*

REMOLACHA
Enjuague bajo el agua corriente fría. En prendas de color, deje en remojo en una mezcla de 15 g (1 cucharada) de bórax y 500 ml de agua tibia. En prendas blancas, cubra la mancha con bórax en polvo y vierta encima agua caliente.

MERMELADAS Y CONFITURAS
Quite el exceso con una cuchara y enjuague con un paño húmedo. Si se trata de manchas frescas, lave de inmediato en la lavadora/lavarropas. Las manchas secas se dejan remojar en una mezcla de 15 g (1 cucharada) de bórax y 500 ml de agua tibia.

MOSTAZA
Para ablandar las manchas recientes, frote con un poco de agua y detergente. Luego, pase una esponja con una mezcla de 5 ml (1 cucharadita) de amoníaco y 500 ml de agua. Lave en la lavadora/lavarropas para quitar los vestigios.

YOGUR
Quite el exceso con la cuchara y aclare bien con agua tibia. Luego, lave la prenda de acuerdo con las indicaciones de la etiqueta. Use quitamanchas para las manchas más rebeldes.
- *Las prendas con manchas secas se dejan en remojo en agua con jabón biológico, luego se lavan.*

CHOCOLATE

Deje que se seque y quite el exceso. Remoje y lave en la lavadora con jabón biológico si es necesario, o en la forma habitual.

• *Cubra con bórax en polvo las manchas rebeldes y vierta agua caliente con cuidado sobre la tela.*

NATA/CREMA

Quite el exceso con toallas de papel, cuidando de no extender la mancha. Lave con agua tan caliente como lo permita la tela.

• *Las prendas que no resisten temperaturas muy altas se tratan con quitamanchas antes de lavarlas.*

• *En las telas delicadas se aplica un poco de aceite de eucalipto, y luego se lavan a mano.*

SALSAS GRASAS

Absorba bien con toallas de papel y deje en remojo en agua tibia toda la noche. Trate los vestigios de color siguiendo las indicaciones de la etiqueta.

• *Las manchas secas se quitan remojando la prenda en agua con detergente biológico, pero antes lea las indicaciones de la etiqueta*

SALSA DE TOMATE

Quite el exceso con una cuchara de metal y enjuague bajo el agua corriente fría, frotando suavemente con las manos. Aplique quitamanchas líquido para prelavado, luego lave en la lavadora/lavarropas con agua y detergente, según las indicaciones de la etiqueta.

Las manchas de salsas espesas envasadas se tratan igual que las de salsa de tomate

87 MANCHAS OSCURAS DE FRUTA

Ciertas frutas provocan manchas de color muy intenso en la ropa o en el mantel; trátelas cuando todavía están frescas. Las manchas secas, que se descubren horas después de ocurridas, serán indelebles, a menos que les aplique un tratamiento especial.

1 △ Diluya la mancha con agua corriente fría hasta que haya desaparecido casi por completo.

2 △ Trate los vestigios de color aplicando alcohol de quemar o quitamanchas con un paño blanco suave.

△ TRATAMIENTO NATURAL PARA MANCHAS FRESCAS
Si no tiene a mano alcohol de quemar, frote un limón cortado sobre la mancha y exponga al sol: esta combinación actúa como blanqueador natural.

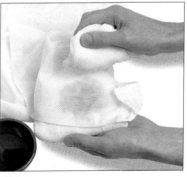

△ CÓMO TRATAR LAS MANCHAS SECAS
Primero lubrique la mancha con una mezcla de glicerina y agua tibia a partes iguales. Deje actuar una hora y proceda igual que para quitar las manchas frescas.

88 MANCHAS DE GRASA EN CORBATAS

Las corbatas se ensucian mucho con grasa, tanto por las comidas como por el uso diario, y cuando se quitan las manchas con una esponja generalmente queda una aureola. Antes de usar la corbata, rocíe con protector de telas en aerosol; esto demora la absorción de grasa y, si se mancha, tendrá más tiempo para limpiarla. Conviene llevar en el portafolios un paño pequeño impregnado con quitamanchas o una corbata de más para casos de emergencia.

APLIQUE PROTECTOR DE TELAS EN AEROSOL

89 MANCHAS DE HUEVO

Durante las comidas, los huevos blandos manchan fácilmente la ropa y el mantel. Ante todo, no trate de quitar la mancha con agua caliente, pues así hará cuajar el huevo. Si no tiene tiempo de tratar la mancha, cubra con un paño húmedo para evitar que endurezca.

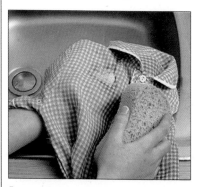

PASAR UNA ESPONJA CON AGUA FRÍA Y SAL
Llene con agua fría un envase vacío de detergente y agregue unas 2 cucharadas de sal. Aplique con una esponja hasta eliminar los restos de huevo. Aclare y seque.

REMOJAR CON JABÓN BIOLÓGICO
Si después del tratamiento con sal la mancha no desaparece, deje la prenda en remojo con agua y jabón biológico durante una horas. Enjuague, seque y rocíe con quitamanchas en aerosol.

90 MANCHAS DE BEBIDAS

El método para eliminar las manchas frescas de bebida en telas lavables consiste en aclarar/enjuagar la prenda bajo el agua corriente y luego lavar. Las manchas viejas y secas requieren más tratamiento, pero la mayoría pueden quitarse con un quitamanchas. Estos consejos se aplican tanto a las manchas frescas como a las viejas.

LECHE

Aclare las manchas frescas con agua tibia y luego lave del modo habitual. Si una vez seca la prenda la mancha no se ha ido, aplique un quitamanchas.
- *Antes de lavar, remoje las manchas secas con agua y jabón biológico. Otra alternativa es tratarlas con una mezcla de agua y agua oxigenada, excepto en las telas de nylon.*

BEBIDAS FRUTALES

Al igual que la fruta fresca y la bebidas de cola, dejan manchas pringosas y de color. Trate de inmediato siguiendo el método para zumo de fruta (derecha).

CAFÉ CON LECHE Y CHOCOLATE CALIENTE

Enjuague bien con agua tibia. Si la tela lo permite, deje en remojo en agua tibia y jabón biológico o frote con quitamanchas en pastilla/barra. Lave del modo habitual. Si una vez seca la prenda quedan vestigios, aplique un quitamanchas.
- *Trate las manchas rebeldes en telas blancas de lino y algodón remojándolas en agua con un poco de lejía/lavandina/cloro.*

Enjuague bien y deje en remojo las manchas de chocolate

ZUMO DE FRUTA

Los zumos de frutas oscuras como los arándanos y las uvas negras generalmente dejan rebeldes manchas de color. Las manchas frescas se enjuagan con agua corriente fría, y luego se tratan con un quitamanchas.

- *Para quitar las manchas viejas, remoje la tela con agua fría y lave con detergente de acción intensa, siguiendo las indicaciones de la etiqueta de la prenda.*

BEBIDAS ALCOHÓLICAS

Aplique el mismo tratamiento que para la cerveza (Consejo 92). Las manchas frescas se quitan fácilmente enjuagando la prenda con agua tibia; luego lave de la forma habitual.

- *Las manchas secas en telas blancas se quitan con agua oxigenada.*
- *Las telas de color se limpian con vinagre mezclado con agua.*

CAFÉ

Las manchas provocadas por el intenso color del café se pueden eliminar completamente si son frescas. Se tratan como las de café con leche y chocolate: enjuague inmediatamente en agua tibia, deje en remojo en agua y jabón biológico, si lo permite la tela, y lave del modo habitual. Si una vez seca la prenda aún se nota un poco de color, aplique un quitamanchas.

OPORTO Y JEREZ

Estas manchas suelen ser más pringosas que las de otras bebidas alcohólicas. Enjuague bajo el chorro de agua corriente tibia frotando la tela y lave según las indicaciones de la etiqueta de la prenda. Si quedan manchas de color, aplique quitamanchas o alcohol de quemar.

El oporto deja una mancha pegajosa

BEBIDAS DE COLA

Suelen dejar manchas pegajosas cuando se secan; debe lavarlas inmediatamente con agua corriente fría, frotando bien hasta atenuarlas tanto como pueda. Elimine los vestigios de color con alcohol de quemar o quitamanchas.

- *Para quitar las manchas viejas, ponga debajo un paño blanco y aplique una mezcla de glicerina y agua tibia a partes iguales. Deje una hora, enjuague y trate del mismo modo que las manchas frescas.*

91 MANCHAS SECAS DE TÉ

Las manchas frescas de té desaparecen aclarando/enjuagando primero con agua tibia y luego remojando en agua y bórax, pero las secas requieren un tratamiento especial.

1 △ Extienda con cuidado la prenda sobre un recipiente para lavar, y cubra la mancha con bórax en polvo formando una capa gruesa.

2 △ Vierta agua caliente alrededor de la mancha, con movimientos circulares hacia el centro. Repita el procedimiento, si es necesario, y luego lave de la manera habitual.

92 MANCHAS DE CERVEZA

Es importante recordar que para obtener un óptimo resultado es preciso actuar de inmediato.

△ ACLARAR/ENJUAGAR CON AGUA TIBIA
Las manchas frescas de cerveza se eliminan fácilmente: aclare bien con agua tibia y lave del modo habitual.

△ APLICAR VINAGRE CON UNA ESPONJA
Para quitar los vestigios en telas de color, pase una esponja con una mezcla de 30 ml (2 cucharadas) de vinagre blanco y 500 ml de agua.

93 Manchas de vino tinto

Como las fibras de casi todas las telas absorben rápidamente el vino tinto, seque la mancha con toallas o servilletas de papel blancas antes de que impregne la tela. Nunca se deben usar servilletas de color, porque pueden desteñir; luego, lo mejor es cubrir la mancha con sal.

△ Espolvorear sal
Una solución rápida es echar sal sobre la mancha de vino. La sal la absorbe rápidamente y evita que se extienda.

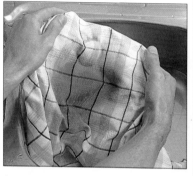

△ Aclarar/Enjuagar la manchas fresca con agua tibia
Aclare la mancha fresca de vino con agua tibia. Si no desaparece, deje en remojo con bórax en polvo y agua tibia.

△ Remojar las prendas de color con agua y detergente
Deje las prendas de color o muy sucias en remojo en agua y detergente de acción intensa, luego lave del modo habitual. Para quitar las manchas rebeldes, siga el tratamiento indicado para las manchas de té (Consejo 91).

△ Blanquear la lana y la seda lavables
Usando guantes de goma, sumerja las prendas lavables de lana o seda blancas manchadas con vino tinto en un cubo con seis partes de agua tibia y una de agua oxigenada. Aclare y lave.

94 MANCHAS DE PRODUCTOS DE USO COTIDIANO

Muchos de los productos corrientes que hay en una casa están elaborados con diversos tintes y componentes sintéticos. Las manchas de estos elementos en telas lavables por lo general se eliminan complementando el tratamiento previo con el lavado. Sin embargo, conviene tener sumo cuidado con las telas no lavables, pues en ese caso las manchas son muy difíciles de quitar.

ROTULADORES DE FIBRA
Absorba toda la tinta posible apretando una toalla de papel sobre la mancha. Aplique alcohol desnaturalizado con un hisopo, luego lave con jabón para prendas delicadas, que en manchas de este tipo es mucho más efectivo que el detergente.

MEDICINAS
Dejan manchas de color muy pegajosas; deben tratarse de inmediato para que no se endurezcan y formen una capa. En la lavadora/lavarropas, generalmente se eliminan casi todas las manchas. Las rebeldes se quitan con alcohol de quemar.
■ Sostenga un paño blanco debajo de la mancha para impedir que pase y aplique suavemente alcohol de quemar, después de hacer una prueba en un lugar poco visible de la tela.

TINTA LAVABLE PARA ESTILOGRÁFICAS
Si la mancha no se ha ido después de lavar la prenda, frote con medio limón recién cortado o aplique zumo/jugo de limón fresco. Ponga un paño blanco debajo y otro encima de la mancha, y apriete uno contra otro hasta que la mancha desaparezca. Repita tantas veces como sea necesario y aclare. Lave nuevamente la prenda según las indicaciones de la etiqueta.

BETÚN PARA ZAPATOS
Trate las manchas menores con quitamanchas en aerosol o agregue unas gotas de amoníaco al agua de enjuague después del lavado. Si son rebeldes, quite el exceso, aplique aguarrás, aclare y lave.

LUSTRE PARA METALES
Quite todo el exceso con pañuelos o toallas de papel, aplique un quitamanchas líquido y lave normalmente para eliminar los residuos.

CREOSOTA Y BREA
Son muy difíciles de quitar; además, cuando trate las manchas tenga cuidado de no trasladarlas a otras superficies.
■ Raspe el exceso y ponga encima un paño blanco absorbente. En el dorso, aplique un algodón humedecido en aceite de eucalipto, y lave.

Lave las prendas después de quitar las manchas

CERA DE VELA

En telas lavables, siga el método indicado para la cera en alfombras (Consejo 18). Luego, aplique un poco de alcohol de quemar para eliminar el color, y lave.

El alcohol de quemar elimina los vestigios de color

TINTURAS

Si se trata de manchas en prendas blancas o de colores firmes, deje en remojo en una mezcla de agua con detergente biológico hasta que el color de la mancha desaparezca. Lave del modo habitual, según las indicaciones de la etiqueta.

• Para tratar manchas en telas que destiñen, deje en remojo con agua y un poco de agua oxigenada durante 15 minutos y enjuague bien.

PINTURA AL AGUA

Las manchas frescas son solubles en agua; se limpian con una esponja y agua fría y luego se lavan. Las manchas secas recientes se tratan con quitamanchas, pero las más grandes que ya están duras se deben hacer quitar por un limpiador profesional.

PINTURA AL ACEITE

Los esmaltes y las pinturas satinadas tienen una base de aceite, por lo tanto las manchas se deben tratar con aguarrás, que disuelve el aceite; haga una prueba previa en un lugar de la prenda poco visible. Luego, pase una esponja con agua fría. Repita el procedimiento varias veces.

• No se apresure: lave la tela cuando hayan desaparecido por completo todos los vestigios. Estas manchas se fijan con el lavado; en ese caso las deberá quitar un limpiador profesional.

95 GOMA DE MASCAR

Si ha tenido la mala suerte de sentarse sobre una goma de mascar, no tendrá necesidad de lavar la prenda: déjela en el congelador hasta que la goma se endurezca. Este método generalmente es efectivo.

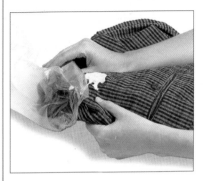

Ponga la prenda en una bolsa de plástico y deje en el congelador durante una hora, o hasta que la goma se endurezca.

Retire la prenda y doble la tela hasta que la goma se quiebre. Quite con las uñas.

96 MANCHAS DE LÁPIZ DE LABIOS

Las manchas rebeldes de lápiz de labios en prendas, manteles y toallas se eliminan sin problema: aplique primero alcohol de quemar con un paño blanco y luego un poco de detergente líquido directamente en la mancha. Frote la tela con un dedo limpio y finalmente lave según las indicaciones de la etiqueta.

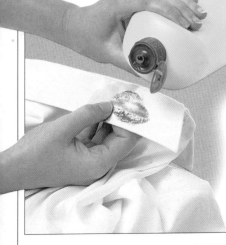

TRATAR CON DETERGENTE LÍQUIDO
Aplique detergente líquido puro directamente en la mancha

97 MANCHAS BIOLÓGICAS

La ropa de adultos y niños que desarrollan mucha actividad al aire libre suele ensuciarse con todo tipo de manchas biológicas. Los tratamientos previos y posteriores al lavado que se presentan a continuación pueden resultar de gran ayuda y brindar un excelente resultado si se complementan con el lavado habitual.

SUDOR
Forma una mancha amarillenta o descolorida en la zona de las axilas de las prendas. Las manchas recientes se quitan aplicando una mezcla de 5 ml (1 cucharadita) de amoníaco y 500 ml de agua fría. Enjuague bien.
■ Si el sudor ha desteñido la prenda, pase una esponja con una mezcla de 15 ml (1 cucharada) de vinagre de vino blanco y 250 ml de agua.

HIERBA
Prácticamente todos los pantalones cortos deportivos son de poliéster; cuando se manchan, el tratamiento necesario consiste en dejar en remojo y lavar con agua y detergente biológico. Las manchas más rebeldes se frotan con un limpiador potente para lavado a mano, y luego con alcohol de quemar. Enjuague y lave del modo habitual.

ORINA
Las prendas de color se aclaran con agua fría, y luego se lavan del modo habitual; esto quita la mancha y también el olor.
■ Blanquee las telas claras con una mezcla de una parte de agua oxigenada y seis de agua fría, más unas gotas de amoníaco. Otra alternativa es dejar en remojo en agua y jabón biológico (lea primero las indicaciones de la etiqueta) o aplicar un quitamanchas.

POLEN
Las manchas leves desaparecen con el lavado normal. Si esto no sucede, aplique suavemente alcohol de quemar y pase una esponja con agua tibia.

EXCREMENTO DE PÁJAROS
Quite el exceso y lave. Las manchas rebeldes en prendas blancas o muy claras se pueden blanquear con una mezcla de agua con agua oxigenada o lejía/lavandina/cloro.

VÓMITO
Aclare bien la parte afectada bajo el chorro de agua fría hasta que la mancha empiece a desaparecer. Deje en remojo y lave con jabón biológico, o lave de la forma habitual, de acuerdo con el tipo de tela.

SANGRE
Eche un puñado de sal en un cubo con agua fría y remoje la prenda durante 15 minutos. Lave del modo acostumbrado, según el tipo de tela y las indicaciones de la etiqueta.

98 CUELLOS Y PUÑOS PERCUDIDOS

La suciedad se adhiere fácilmente en los puños y cuellos de las camisas; requiere un tratamiento previo al lavado para evitar que se fije. Para proteger estas prendas, planche con apresto o almidón después de lavar.

1 Pase una pastilla/pan de jabón humedecido sobre el cuello o el puño sucio. Otra solución efectiva es usar champú para el cabello.

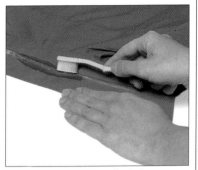

2 Frote con agua y un cepillo de dientes limpio, haciendo espuma. Una vez ablandada la suciedad, enjuague y lave.

99 CÓMO ELIMINAR LAS AUREOLAS

Cuando se tratan prendas no lavables o telas delicadas como la seda, generalmente el paso final consiste en mojarlas con una esponja húmeda; cuando se secan, suelen quedar aureolas.

Para quitarlas, simplemente ponga a hervir un poco de agua en una cafetera. Acerque la prenda al vapor que sale por el pico y sostenga hasta que desaparezca la aureola. Evite que las manos entren en contacto con el vapor, porque causa quemaduras serias.

El vapor es más caliente que el agua hirviendo

ELIMINE LAS AUREOLAS CON VAPOR

100 Manchas en ante/gamuza

Las sustancias grasas en el ante/gamuza pueden dejar manchas permanentes. Absorba la grasa con papel de cocina y luego frote con una pastilla limpiadora de ante/gamuza. Para manchas rebeldes, envuelva un trozo de algodón con un paño suave, aplique un poco de gas líquido para encendedores y frote suavemente; puebe antes en un lugar poco visible.

Elimine la mancha frotando suavemente

△ FROTAR PARA QUITAR EL BARRO SECO
Los restos de barro seco y la suciedad de los zapatos de ante/gamuza se limpian frotando con una goma de borrar limpia. Este método también sirve para quitar otras adherencias.

◁ CÓMO LIMPIAR LAS MANCHAS DE GRASA
Aplique gas líquido para encendedores directamente en la mancha. Si la zona queda más clara, empareje tratando todo el zapato.

101 Calzado de lona

Limpie la suciedad pasando suavemente un cepillo de dientes limpio embebido en detergente líquido para alfombras; quite la espuma con agua tibia y una esponja. Para manchas rebeldes, como las de hierba, utilice un cepillo para uñas con una mezcla de detergente líquido y agua tibia. Lave en la lavadora con un programa de temperatura media y deje secar.

LIMPIE LAS MANCHAS LEVES CON
DETERGENTE PARA ALFOMBRAS

ÍNDICE TEMÁTICO

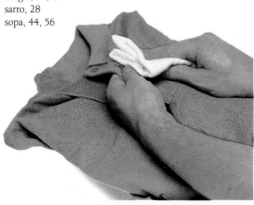

Agradecimientos

Dorling Kindersley quiere agradecer a Hilary Bird por compilar el índice temático, a Fiona Wild por la corrección y la colaboración editorial, y a Robert Campbell y Mark Bracey por la ayuda informática. Gracias también a Modena Merchants Ltd. por facilitar los artefactos sanitarios.

Fotografías
Referencias: a arriba; b abajo; c centro; i izquierda; d derecha
Andy Crawford 1; 4; 5; 6bd; 10; 11ai; 13; 15ai; 17b; 18c; 46; 47a; 33cd; 34cd; 35a; 36; 41ad; 53bd; 55a; 62i; 68; 69; 71; Stephen Oliver 25bd; Colin Walton 6ai; 7; 9; 11b; 15bd; 17ad; 19; 23bd; 24bd; 25a; 26; 28; 29; 30ad; 32bd; 33ci; 34bi; 35bd; 38; 39a; 40; 41b; 42; 43; 45; 46; 49; 50; 51ad; 53ai; 54; 58; 59; 62d; 63; 66; Matthew Ward 2; 3; 8; 12; 14; 16; 18; 20; 21; 27b; 30bd; 31bd; 37; 44; 47; 48; 51bd; 55bd; 56; 57; 60; 61; 64; 65; 67; 72.

Ilustraciones
Kuo Lang Cheng y John Woodcock.